# 안녕에 빚진 날

최경옥 시집

문학의전당 시인선
391

# 안녕에 빚진 날

최경옥 시집

문학의전당

**시인의 말**

숨이 제대로
쉬어지지 않은 날이 있었다

모질고도 질긴
마음을 닫아버린 마음에게
다가서지 못하고

까맣게 타들어 간 여름날과
잎이 말라버린 가을날에도

난 잊었다고
여전히 잊고 산다고

눈시울 붉어지는 마음에게

2025년 8월
최경옥

**차례**　　　　　　　　　시인의 말

## 제1부

성자가 된 의자　13
갱신　14
가나다순에 대한 단상　16
보조개의 꿈　17
대추 한 알과 직박구리의 고민　18
모기만도 못한　20
부활절 아침　22
사이의 노래　23
비의 폭력　24
열정페이　26
돌보지 않는 집　28
혹등고래의 눈물　29
한밤의 복숭아　30
당근의 비밀　32
캐터필러　34

## 제2부

연기의 내력　37
자격증 유목민　38
누군가의 이팝꽃　40
경쟁자　41
나의 슬픔　42
월급날　44
친절 리서치　45
경고등　46
꽃으로 쓴 글씨　48
타란텔라　49
명검　50
걷는 사람　52
안녕에 빚진 날　54
알고리즘　55
권리 선언　56
아직은 좀 뛴다　58

## 제3부

키위새의 독백　61
아름다운 책임　62
감기몸살의 뒷면　64
진동벨의 권력　65
연민　66
초록 의자　68
백목련　70
엄마의 레시피　71
삼천리라는 자전거　72
어르신 유치원　74
마음의 가지치기　75
한 치 앞　76
막 핀 꽃 1　77
막 핀 꽃 2　78
애벌레가 사는 법　80
코로나에 걸린 목련　82

## 제4부

항아리　85
우리 동네 미용실　86
쉬는 시간　87
거짓말 탐지기　88
사과의 용기　90
미소의 힘　91
소망 하나　92
폭주 기관차　93
동화구연　94
가을 운동회　96
웃는 할머니　97
잠복근무　98
부럽다　99
장마　100
사랑한다는 말은　101
괜찮다　102

해설│마음이 빚는 연민과 희망의 시학　103
　　 백인덕(시인)

# 제1부

## 성자가 된 의자

 오랫동안 등을 받쳐주던 의자가 언제부턴가 삐걱거리기 시작했다 아버지가 요양원으로 거처를 옮기고 난 이후였다 자세히 살펴보니 다리를 고정했던 중심이 헐거워져 있었다 중심을 잡겠다고 소란을 떠는 동안에도 의자는 점점 주저앉고 있었다 네 다리의 불협화음으로 매끈했던 인생은 기울어진 채 각질로 뒤덮였다 등이 닿았던 곳은 검버섯이 번졌다 그제서야 비로소 의자는 자신에게 관대해지기로 했다 누구에게나 사랑받는 의자가 되어 보겠다던 평생의 목표를 내려놓았다 그때부터 배추흰나비가 몰려들기 시작했다 콩새 무리도 날아들었다 하늬바람도 간혹 불어왔다 대추나무 그림자도 기대어 앉았다 수국도 옆에서 꽃을 피웠다 자신을 다 내려놓고 나서야 의자는 비로소 천상을 살게 되었다 이 모두가 아버지가 요양원으로 거처를 옮기고 난 이후였다

## 갱신

운전면허시험장에 들어와
번호표를 뽑는다
3번 창구로 오라는 안내 멘트에 따라
담당자가 알려주는 대로
갱신 서류를 작성한다
옆 창구에서 대기하던 머리 짧은 여자는
사진을 미처 준비하지 못했는지
출입문 오른쪽에 있는 즉석 사진 부스로
급하게 들어간다

갱신은 그런 것이다
어제 찍은 왼쪽 아래 머리가 살짝 들려 있는
사진 한 장과 신청서와 수수료를 제출해야 한다
서류 작성 십 분 만에 십 년이 연장된 생애를 받아 들고
면허시험장을 나선다

건물 밖에는
도로연수 중인 1톤 트럭이 덜덜거리며

정차선 앞에서 겨우 속도를 다독이고 있다

오늘따라
유난히 하늘이 푸르고 깊다

## 가나다순에 대한 단상

고군분투 없이도 앞줄 차지는
무조건 가나다순
그것이 공명정대한 정의 사회라고 믿었지
자손 대대로 승계되는 절대권리라고 믿었지
동상이몽의 중간자들은
만사형통의 징조라고 믿었지
동병상련조차 상부상조가 좋다고
반기를 들지 않았지
앞서가지도 뒤처지지도 않는
외유내강이라 믿었지
드러내지 못하는 뒷줄의 투덜거림은
오비이락이라 믿었지
천재일우의 행운이면 모를까
표리부동의 정렬 방법에 따라
오늘도 호가호위 가나다순
호시탐탐 기회를 엿보다
개과천선 가명이라도 달아야 사는,

## 보조개의 꿈

카톡으로 사진 파일을 보낸다
오래 써먹어서 너덜너덜해진 증명사진
빨간 티셔츠에 사각 뿔테를 쓴 사장은
사진 파일을 다운받아
방금 찍은 사진처럼 인화 중이다
증명사진 속의 보조개가 툭,
바닥으로 떨어진다
그새 훨씬 낡아진 여자는
손바닥에 펼쳐진 젊은 날의 사진에 빠져 있다
앳된 보조개를 받아 안은 바닥이
어색하게 웃는다
투명한 비닐봉지를 벌려
조심스럽게 여자를 구겨 넣는다
왜 불려왔는지 모르는 사진 속 여자가
계속 새파랗게 웃는다

## 대추 한 알과 직박구리의 고민

창문을 활짝 연다
라디오 볼륨을 높이고 집 안 청소를 한다
갑자기 열린 창문이 시끌시끌
직박구리 한 마리가 한 알 남은 대추를
시끄럽게 쪼고 있다
순간 대추 한 알이 휘청하더니
바닥으로 떨어졌다
떨어진 대추는 하수구 구멍으로
또르르 굴러갔다
순식간의 일이다
라디오에서 비창*이 흐른다
눈앞에서 먹잇감을 놓쳐버린 직박구리는
두리번거리다 고개를 떨구었다
시끄러운 소리도 숨소리도 들리지 않았다
정지된 화면이 되었다
대추나무 그림자가 길어졌다
직박구리는 한동안 날아가지 않았다
대추나무 그림자가 더 길어졌다

해가 지기 전에 다른 열매라도 찾으라고
라디오 볼륨을 낮춰주었다

―――――――
*비창: 베토벤 피아노 소나타 8번.

## 모기만도 못한

모기 덕분에 초콜릿을 먹는다고?

잠을 깨우고
흡혈하는 것도 모자라
가려워 미치게 만드는 모기
유독 잘 물리는 나는
모기만큼은 지구상에서
필요 없는 존재라고 생각했다

그런 모기가
카카오 꽃에 수분을 옮겨주어
사람들에게 카카오 열매를 먹게 해준단다
잘 알려지지 않은 선행이다

그러할진대
법과 정의는 입버릇
조작과 사기의 기술로
남의 등을 후려치고도

사리사욕에 눈멀어
날뛰는 패거리가 있다니

에라, 모기만도 못한 놈들!

## 부활절 아침

목련나무 아래 벤치에
회색 야구 모자 쓴 남자가 고꾸라져 있다

남자를 내려다보던
목련꽃이 죄인처럼 폭삭 찌그러져 있다

자주색 잠바에 검정 줄무늬 바지를 입고
빈 소주병을 베고
먼 등을 긁고 있다

누군가 십자가 그림이 그려진 달걀 두 개를
발밑에 놓아두고 갔다

## 사이의 노래

선풍기 바람이 벽에 걸린 학자금상환고지서를
방바닥에 떨구고 간 사이

*쓰람쓰람쓰르르 쓰람쓰람쓰람쓰라암*

봇물처럼 터지는 저 열사의 노래

무엇으로도 막을 수 없겠다

## 비의 폭력

먹구름이 몰려왔다
한낮 폭우에 숨을 곳이 없다
다짜고짜 내리친다
때리면 때리는 대로 맞을 수밖에
교정의 노송은 중심을 잃었다
움츠린 가지마다 피멍이 들었다
젖은 태극기는 위태롭게 휘청거린다
현관 입구에 걸려 있던 감사와 사랑이란 문구의 현수막은
뜯겨져 어지럽다
장미정원은 순식간에 아수라장이 되었다
주홍 칸나 꽃대가 부러졌다
수레국화는 허리가 꺾인 채 떨고 있다
모종 국화는 보도블록 위에 엎어져 뿌리째 뽑혔다
배롱나무 가지가 부러졌다
단풍나무 잎들은 땅바닥으로 굴러떨어졌다
운동장 축구 골대는 흙탕물을 뒤집어썼다
놀이터 빈 그네들은 서로 뒤엉켜 있다
책 읽는 소녀상은

더 이상 미소 짓지 않았다
교정을 내려다보던 이순신 장군상은
이런 난리는 없었다며 눈을 질끈 감았다
폭우는 멈추지 않았다
매미들이 빗속에서 요란하게 울어댔다

## 열정페이

꿈을 찾아가는 여정이라 소개한다
세세하게 대놓고 쓰기 어려워
여러 가지 봉사활동이라고 적혀 있다
아니다 싶으면
자신만의 길을 갈 수도 있단다
숙식은 제공한단다
휴일 외에는 외출도 어렵단다
자기소개서와 지원 동기를
중요하게 볼 거라 강조한다
열정이 좋다고 칭찬한다
남들과 다른 순수한 열정이 있어서
가까이 하고 싶다고 한다
순수한 봉사자의 자세면
더 바랄 것이 없다는 눈빛을 보낸다
경력 쌓을 기회를 줄 테니
열정을 바쳐보라고 한다
기회란 이름의 노동 착취 앞에서
크게 심호흡을 한다

말은 바로 하자
수고에는 제값이 따라야 한다고

## 돌보지 않는 집

한파에 빈집 수도관이 터졌다
빈집 앞 도로가 젖었다
돌보지 않는 마당도 물난리가 났다
터진 수도관 위로 역고드름이 피었다
계량기도 얼어붙었다
말라버린 수레국화도 얼음을 뒤집어썼다
동네 이장의 다급한 신발도 얼어붙었다
켜켜이 쌓인 낙엽도 얼어붙었다
찌그러진 개밥그릇도 얼어붙었다
뒤집어진 신발도 얼어붙었다
빈 장독도 얼어붙었다
바닥에 뒹구는 호밋자루도 얼어붙었다
낡은 우체통도 얼어붙었다
대문도 얼어붙었다
문패도 얼어붙었다
대문 옆 감나무도 얼어붙었다
눈에 보이는 것은 모두 얼어붙었다

## 혹등고래의 눈물


 아기 꽃을 업고 다니는 산발한 꽃의 이야기를 들어주세요 어미의 살갗은 뜯겨나가고 호흡은 점점 흐려져 부스러진 마른 꽃잎이 된다 해도 절대 손을 놓을 수가 없어요 이제 막 어미 등에서 잠든 아기 꽃을 어떻게 가보지 못한 먼 나라로 혼자 보낼 수 있을까요 꽃길을 업고 건너는 동안만이라도 자장가를 불러줄 수 있게, 사랑한다는 마지막 인사를 체온으로 전할 수 있게 시간을 주시면 안 될까요 나에게 미쳤다고 손가락질해도 괜찮아요 제발 따라다니면서 카메라를 들이대거나 함부로 돌을 던지지는 말아주세요

 죽은 새끼를 업고 다니는 어미 고래를 보았다
 죽은 지 2주가 넘은 부패한 사체였다

### 한밤의 복숭아

식탁 위에 올려진 복숭이 한 알이 굴러 어딘가로 간다면
나는 기꺼이 물러터진 무릎으로라도 따라갈 테야
저 복숭아는 나의 유년으로부터 왔으므로
나는 너를 유아적 알레르기라고 부르지

우리 집 냉장고 문을 열면
채소 칸 구석에 햇살 복숭아가 있어
저 복숭아는 산비탈에서 왔고
나는 저 복숭아를 햇살이 보내준 사랑이라 하지

한밤중에 이상한 소리를 들었어
냉장고 문을 열자 사과가 기침을 하고 있어
애호박도 습진에 걸렸어
당근도 파프리카도 여기저기 발진이 났어
냉장고도 알레르기에 걸렸나 봐

기억 속에 넌 달콤한 향기로 다가와
입술에 닿을 수 없는 먼 거리에서

바라만 보아도 참을 수 없는 가려움이었지만
이제 햇살이 준 사랑을 품을 수 있을 것 같아

용기 내어 복숭아를 집어 들었어
크게 한입 베어 물었어

## 당근의 비밀

당신을 위한 당근 요리법이 다양하다

당근주스, 당근샌드위치, 당근김밥, 당근계란말이,
당근볶음밥, 당근오믈렛, 당근부침개, 당근맛탕,
당근전, 당근라페, 당근차, 당근떡, 당근죽

겨울왕국 눈사람 올라프의 당근 코
재즈 잭래빗의 춤추는 당근*
언제나 당근을 잘근잘근 씹어 먹는 벅스 버니

당근 없는 아침을 상상할 수 없다는
당근과 당신은 한 글자 차이인데
속마음이 정말 궁금하다

당신 속도 당근처럼 변함이 없는지
당신도 당근처럼 겉과 속이 같은지

지금 내 앞에서

당근주스를 마시는 저 표정을 봐서는
도무지 알 수 없다

---

*체력회복 게임 아이템.

## 캐터필러*

길을 깔면서 나가는 방법
자기 몸속에 길을 달고 다녀
이동이 가능한 궤도
탱크처럼 길을 깔고 나가는 거야
무한궤도라 부르는 전진법
요철이 심한 노면 따위
진흙 바닥도 문제없어
어마어마한 전술
징그러운 벌레라고 얕보지 마
꾸물꾸물 기어가는 애벌레
황홀한 날개는 보이지 않아도

너 나 몰라?

---

*차바퀴의 둘레에 강판으로 만든 벨트를 걸어 놓은 장치.

# 제2부

## 연기의 내력

하필 단칸방으로 이사한 날이었다 정월 그믐이었다 엄마의 산통이 시작되었다 장판 밑에 금이 간 줄 모르고 아버지는 아궁이에 불을 지폈다 눈비에 젖은 땔감을 넣고 불을 피우려고 안간힘을 썼다 아궁이는 쿨럭거리며 매운 연기를 토해냈다 연기는 자욱하게 방을 덮었다 엄마는 매운 연기의 힘으로 아기를 낳았다 그 아기가 바로 나였다 나는 연기의 딸로 태어났다 그래서인지 나는 연기(煙氣)에 익숙했으며 연기(演技)에 능했다 슬픔을 감추고 웃는 아이가 되었다 암울한 가정사도 나를 묶지 못했다 어떤 결정도 한 치의 망설임이 없었다 운명처럼 단숨에 연기보다 매운 남자와 결혼을 했고 연기보다 더 천방지축인 아이 둘을 낳았다 이 유전의 연기는 어디서 왔을까? 연기의 내력을 찾고 싶어서 책을 뒤적이다가 오래된 사진 한 장을 발견했다 하얀 연기 속에서 할머니가 아기인 엄마를 안고 희미하게 웃고 있었다 섣달그믐이었다 알고 보니 엄마도, 나도 연기의 딸이었다

## 자격증 유목민

천 번의 키스보다 더 맛이 부드러운 커피를 알고 싶어서
바리스타 자격증을 땄다

일상의 대화도 마법처럼 빠져들게 하고 싶어서
동화구연지도사 자격증을 땄다

붉은 모란이 그려진 식탁보를 갖고 싶어서
천아트지도사 자격증을 땄다

너저분한 사생활을 말끔하게 정리하고 싶어서
정리수납전문가 자격증을 땄다

우아한 언어로 나를 바꾸어 멋진 사랑을 하고 싶어서
프리젠테이션스피치 자격증을 땄다

가족을 위해 평생 헌신한 엄마를 보필하고 싶어서
요양보호사 자격증을 땄다

코로나로 위축된 가정경제를 활짝 웃게 하고 싶어서
웃음치료사 자격증을 땄다

이 모든 목표의 끝은 행복이라고 해서
행복지도사 자격증을 땄다

## 누군가의 이팝꽃

핸드폰을 만지작거리는 동안
봄이 왔다
간밤에 이팝나무 가로수는
급히 꽃망울을 터트렸다

M은 무심코
창밖 이팝나무를 보다가
어디론가 문자를 보낸다

M이 보낸 이팝꽃이
누군가의 가슴속에서
부음이 된다

걸어오거나
달려오거나
날아오거나

서둘러 오후를 접수한다

# 경쟁자

 오늘따라 날씨는 유난히 화창하고, 죽음을 알기 위해 경쟁자들이 몰려오고, 접수창구에 몰려든 사람들은 대기번호로 인식되고, 머리가 네모난 경쟁자의 눈은 한층 밝아지고, 병을 모르면 아플 일도 없고, 그런 가설은 여기선 통하지 않고, 쏟아지는 안내는 한눈팔 수 없게 만들고, 병(病)을 찾으러 온 사람들만 더 바쁘고, 침상을 끌고 가는 간호사들만 일사불란하고, 신생아실보다 장례식장이 더 분주하고, 한 건물 안에 신생과 소멸의 동거라니! 부의 봉투 같은 휴대폰을 꺼내 든 손들은 분주하고, 대기번호는 시간이 지나도 줄지 않고, 죽음도 이제 눈치를 봐야 하고, 친숙한 세계는 보이지 않고……

# 나의 슬픔

목련이 졌다고 슬퍼하는
나를 위해
네발나비는 서둘러 날개를 폈고
민들레는 노랗게 꽃을 피웠다

어른 손바닥보다 큰
목련 잎사귀 붉어진 잎맥마다
힘주어 남겨놓은
위로의 전언

멀리서 온 전언일수록
더 뜨겁고 화려했으니

꽃이 사라졌다고
슬퍼하지 말자
내 모든 사랑은
꽃이 진 후에 이루어졌나니

이제 그만
슬픔을 묻어야겠다

월급날


반가운 입금 문자가 피앙세처럼 날아든다

헛배가 좀 더 불룩해진다

## 친절 리서치

상대를 탓하기 전에
내가 먼저 부드럽게 말을 건넸다
웃으면서

요란하지도
화려하지도 않은
몸에 편한 일상복 같았다

친절은 유행을 타지 않는다

## 경고등

거실 등 한쪽이 갑자기 깜빡거린다
스위치를 켜면 처음 3초 정도는 멀쩡하다가
다급하게 깜빡거리기 시작한다
처음엔 그럴 수도 있다고 넘겼다
끄고 켜기를 반복해 보았다
증상은 마찬가지였다

깜박거리는 전구를 갈아야 할지
아니면 등을 통째로 갈아야 할지
증상을 면밀히 살펴보니
여간 신경 쓰이는 게 아니다
깜박이는 쪽의 등을 꺼버렸다
나는 결국
불편함을 견디기로 했다

식욕도 없어지고
이따금 허리가 따끔거려서
그에게도 어지러운 경고등이 켜졌다

처음에는 대수롭지 않게 여겼다
이유 없이 식은땀이 나고
잠을 이룰 수가 없다는데
그도 별수 없이
불편함을 견디고 있다

## 꽃으로 쓴 글씨

   산 아래 아버지 감자밭에 꽃이 무성하다 멀리서도 하얀 감자꽃이 먼저 보인다 꽃순을 따 주어야 할 시기에 주저앉아 풀만 뽑는 아버지, 햇살이 뜨거우니 그만 쉬었다 하라고 해도 밭에서 나올 줄 모른다 아버지 땀방울은 연신 흘림체, 구부정한 허리 일으켜 세워 다시 감자밭 한가운데로 사라진다 하얗게 핀 감자꽃, 꽃으로 쓴 글씨는 도무지 읽을 수가 없다 꽃은 내가 피울 테니 너희들은 더 나은 곳으로 날아가거라 훨훨 더 멀리 가거라 감자밭 열매는 보이지 않고 혼신을 다해 아버지 혼자 헛꽃을 피우고 계신다

# 타란텔라*

　열다섯 소년이 무대 중앙에 놓인 피아노 앞에서 숨을 고른다 천천히 몸을 일으키며 출발 신호를 손끝으로 받는다 악보는 보이지 않는데 소년의 하얀 손가락 끝에서 음표들이 걸어 나온다 경쾌하게 걷다가 쿵쾅거리며 뛴다 뛰어오르다 가볍게 미끄러진다 발끝에서 음표들이 튀어 오른다 툭툭 털고 일어나 힘을 빼고 걷기 시작한다 문이 열린다 빛 속으로 걸어 들어간다 평온한 초원을 걷는다 가젤의 옥타브가 저럴 것이다 깊고도 명쾌한 울림이 퍼진다 숨죽인 몇 분 동안 빗방울의 궤적이 생겼다 정규학교 대신 연습실을 선택한, 소년의 길이 선명하다

*이탈리아 나폴리 지방의 춤곡.

## 명검

제조법이 역사 속으로 사라졌다는
신비의 다마스쿠스 검을
사진으로 보았다
화려한 물결무늬가 시선을 사로잡았다

그 다마스쿠스 검을 현대 공학과 제련기술로 재현했다는 뉴스였다

만약 내게 다마스쿠스 검이 주어진다면

눈물을 자르고 싶다
우울을 자르고 싶다
불면을 자르고 싶다

내 주방엔
재래시장에서 사 온 뭉툭한 칼 한 자루가 있다
말썽 없이 잘 쓰고 있다

말하자면
내겐 단 하나밖에 없는 명검인 셈이다

## 걷는 사람

담배는 피세요?
술은 드세요?
운동은 하세요?

담배는 안 해요
술도 안 합니다만 운동은 한다고 봐야죠
저녁 8시경이면 밖으로 나가요
잔소리한다고 뭔 수가 나겠어요
매일 한 시간 넘게 동네를 걷고 나면
마음도 풀리고 몸도 가벼워지죠

술상이 되어버린 저녁상 대신
운동화를 신고 걷기를 선택한 K
걸을 수 있어서 행복하다고
함박꽃처럼 웃는다

몇 달 뒤
정상 A가 표시된

건강검진 결과 통보서가 도착했다

그럼에도 불구하고
오늘 밤도 무작정 걷고 있을 K를 생각한다

# 안녕에 빚진 날

안녕!
소리가 나서
뒤를 돌아보니
흥얼흥얼
유모차에 끌려가는
할아버지

고양이야 안녕
해바라기야 안녕
비둘기야 안녕
소나무야 안녕
전봇대야 안녕

아무도 대꾸를 하지 않았다
나라도 대답을
해줄 걸 그랬다

안녕에 빚진 날이었다

# 알고리즘

자식 같은 아이라는
강아지 재롱을 봤더니
반려동물 영상이
우르르 쏟아진다

책을 읽어준다기에
검색을 눌렀더니
온갖 말과 글이 있는 영상이
시끌벅적 따라온다

생각하는 대로 살지 않으면
사는 대로 생각하게 된다더니

이리저리 끌려다니다
원치 않는 곳에 데려다 놓을지도 모르는

## 권리 선언


면회실 창문을 사이에 두고
기다리던 바퀴 달린 침대가 밀려온다
침대 위에는 낯선 얼굴이 누워 계신다
콧구멍으로 튜브가 지나고
약물주머니 아래로 팔에 끼워진
줄들이 어지럽다
무슨 말을 하시려는 듯
어르신의 오른손이 움찔한다
유리를 사이에 둔 면회실은
애타는 호명과 흐느낌이 뒤섞인다
말을 해도 못 듣는다며 서둘러
어르신이 누운 침대는
뒤로 다시 끌려 나간다
면회실 마이크는 인기척이 지워진다
요양병원 입구까지
도로포장 중인 아스콘이
돌아서는 신발을 잡는다

인간답게 살 권리만큼
인간답게 죽을 권리도 있다

## 아직은 좀 뛴다

대학 친구 영미가 마지막 주자로 등장하는 계주 영상을 보내왔다 상대편과 거의 반 바퀴 차이가 날 때 영미가 바통을 넘겨받아 역전을 한 영상이었다 영미에게 대단하다며 축하 문자를 보냈다

영미가 문자를 다시 보내왔다

아직은 좀 뛰지?

할 말이 좀 애매해서 이렇게 응수했다

낼모레가 육십인데 누가 그렇게 보겠냐

영미가 한마디 덧붙였다

그니까, 진짜로 보믄 더 빨러

# 제3부

## 키위새의 독백

 키위새를 조심하라는 표지판을 본 적 있니? 사람과 자동차들의 보호를 받는 난 소심한 겁쟁이야 낮에는 쓰러진 나무 밑이나 땅굴에 숨어 지내다 밤이 되면 먹이를 찾으러 나오지 날개는 퇴화했지만 뒤뚱거리며 빠르게 달릴 수 있어 먹이를 찾으러 가는 일은 소풍처럼 즐거운 일이야 호기심이 많은 난 하고 싶은 일이 너무 많아 짧고 통통한 다리라고 놀려도 좋아 들쥐에게 발차기 실력을 보여주고 싶어 달리기를 잘하는 난 이 짧은 다리로 하프마라톤에 도전할 거야 숲속 친구 코알라와 나무늘보, 캥거루와 카카포를 불러 음악회를 열 거야 마지막으로 이건 진짜 비밀인데 나의 버킷리스트 중 하나, 퀸스타운 스카이라인\*에서 패러글라이딩에 도전해 볼 테야 하늘을 날아보는 꿈, 생각만 해도 짜릿해

---

\*뉴질랜드 패러글라이딩 명소.

## 아름다운 책임

내 꽃밭에 관심을 두고
물 주기를 잊지 않는 것

한배에 탄 사람들을 위해
호흡 맞춰 노를 젓는 것

긴줄넘기 할 때 걸리지 않게
같이 뛰는 것

내 짝꿍을 탓하거나
실망시키지 않는 것

살아야 할 가치를 위해
가진 능력을 쏟아붓는 것

힘에 겹도록 등짐 지고도
말없이 걸어가는 것

기꺼이 놓인 디딤돌처럼
둥글게 어울려 사는 것

## 감기몸살의 뒷면

밤에만 먹으라는 감기약을 먹었다
핸드폰을 무음으로 눌러놓고 잠이 들었다
두통의 전화벨이 무음으로 스쳐 갔지만
통화목록에 짧은 이름만 남겼다
일면식 없는 스팸 문자가
시도 때도 없이 들락거려도
반응을 할 수가 없었다
아플 때는 아무 소용없는 잘생긴 애인이
뭐해요? 라며 짧은 문자로 대화를 시도했지만
핸드폰은 알려줄 수가 없었다
밤 열 시경에 단짝 친구가
기침엔 볶은 천일염을 따뜻하게 타서
마셔보라고 문자로 토닥였다
걱정스런 엄마의 목소리도 수면 아래로 가라앉았다
나는 점점 긴 잠 속으로 빠져들었다
이제 지구는 주고받던 대화도 끊긴
불 꺼진 플랫폼이 되었다
열어볼 수 없는 미지의 밤이 계속되었다

## 진동벨의 권력

제 발로 걸려든 덫이다
보이지 않는 목줄이다
주위를 맴도는 위성이다
당당함은 일단 보류다
호출을 기다린다
눈을 뗄 수가 없다
거들먹거린다
반사적으로 몸을 일으킨다
손발이 오그라든다
심장이 쿵쾅거린다
앞만 보고 빠르게 걷는다
부리나케 계단을 내려간다
픽업을 향해 돌진한다
왼발이 먼저 도달한다
공손히 커피를 받아 든다
끝끝내 호기롭게 나를 훑어본다
나는 점점 작아진다

# 연민

저녁은 먹었니?
누굴 기다리니?
어디서 자니?
친구는 없니?

무료하게 길 쪽을 응시하던 길고양이가
고개를 돌려 더 무료하게
나를 바라본다

급히 길옆의 마트에서 사 온
고양이 참치캔을 따서
조심스럽게 발 앞에 둔다

잠깐 사이 밖은 어둑어둑하다
오도카니 그 자리에서 미동도 없는
고양이를 향해
어서 먹으라며 천천히 뒷걸음질 친다

곁에 선 벚나무가 기꺼이
하얗게 꽃불을 밝혀주는
봄날 저녁

## 초록 의자

어딜 가냐고 매일 물어보는 아버지와
절대 치매는 안 걸린다는 엄마가
초록 의자에 나란히 앉아
주간보호센터 승합차를 기다린다

세탁 마친 빨래를 널러
잠시 자리를 비운 사이

초록 의자가 비어 있다
엄마의 여전한 잔소리만 바닥에 널브러진 채
골목길 끝에 노란 승합차 꼬리가
점으로 보였다
사라진다

아무리 애타게 찾아도 보이지 않는
그런 날이 오리라 생각하니
조바심이 난다

**빨래를 널고 있는 손만**
자꾸 말라간다

## 백목련

아파트 몇 층에서 떨어뜨렸는지

하얀 손수건 한 장이

어제보다 한층 물이 오른 가지 사이에

약속처럼 걸려 있다

## 엄마의 레시피

    검색창에 소고기미역국 맛있게 끓이는 방법을 쳤다 검색하자마자 상단 첫 글에서 세상에서 가장 맛있는 미역국은 울 엄마 미역국이라고, 엄마의 손맛을 흉내 낸 레시피라는 소개 글이 떴다 두 가지로 요약하면 쌀뜨물을 이용하고 물은 한 번에 넣지 말고 두 차례 나누어 넣는 것이 비법이라고 했다 그 글만 보아서는 비법을 알 수 없었다 국간장 대신 진간장을 넣어도 되나, 미역은 헹구지 않고 넣어도 되나, 냄비 뚜껑은 열까 말까, 도통 알 수가 없었다 생일도 잊고 사는 엄마의 생일날, 엄마의 레시피로 미역국을 끓인다 세상에서 가장 맛있는 엄마의 미역국 레시피는 방법에 있지 않았다 그 맛의 비법은 희생이었다

## 삼천리라는 자전거

내가 누구냐고 물어보면
대답 대신 빙긋 웃기만 하다가
그건 왜 묻냐며 버럭 화를 내던 아버지가
부쩍 말이 많아졌다

일하러 가야 한다고
사람들이 기다려서 가야 한다고
잘 걷지도 못하면서
모자를 쓰고 안절부절못한다

입술을 바르르 떨면서
더듬더듬 겨우 알아들을 수 있는
몇 마디를 더 흘린다

집에 가야 한다

처마 밑
녹슨 삼천리 자전거를 바라보는

눈꺼풀 내려앉은 아버지의 실눈이
촉촉하다

## 어르신 유치원

어르신을
친절하게 모신다는
주간보호센터 노란 버스에
떠밀려 간다

집에 데려다주는지
묻고 또 묻는 아버지

끈 하나에 의지한 채
위태롭게 흔들리며

우주의 혼돈 속으로
가슴 졸이며
한 발을 내딛었다

## 마음의 가지치기

　아버지는 내 집보다 남의 집 살림에 더 관심이 많았다 오죽했으면 퍼주기 대장이라고 했을까 나는 아버지 이름 뒤에 대장이 붙어 있어서 칭찬인 줄 알았다 좋은 말인 것 같은데도 뒤끝이 오래 남았다 다행히도 지혜로운 엄마는 아버지가 호구가 되는 걸 막으셨다 마음이 하라는 대로 살지 못하게 했다 그때부터 아버지는 집 안에 폭삭 주저앉아\* 퍼주는 것을 멈추었다 당신이 빈손이 되었을 때 비로소 대장을 버리게 되었다

---

\*고영 시인의 「낙관」에서 차용.

## 한 치 앞


파리 한 마리가
열린 자동차 문으로 쏜살같이 들어온다
전면 유리창 안에서 앵앵거리며
위로 아래로 옆으로 다시 사선으로
부산하게 비행을 한다
운전을 하고 싶은 건지
핸들 위에 앉아 전방을 주시하다가
찾아가고 싶은 곳이 있는지
내비게이션 화면에도 앉았다가
더 빠르게 안쪽으로 파고든다
어디를 향해 돌진하는 건지
빈손은 따라잡을 수가 없다
보다 못해 종이를 말아
창문이 열린 쪽으로 몰아붙이니
재빠르게 빠져나간다

늦게나마
한 치 앞을 보았기 때문이다

# 막 핀 꽃 1


 가까운 시내에서 가끔 찾아오는 딸이 있어 그런대로 외로울 틈이 없던 김막순 씨는 어느 날 저녁, 큰아들이 다니러 오겠다는 반가운 전화를 받았다 아들이 좋아하는 나박김치를 담구어 옮기려다 주방에서 미끄러져 엉치뼈를 다쳤다 자고 나면 괜찮겠지 하루 이틀을 보냈는데 나아지기는커녕 허리와 엉덩이가 한통속이 되었다 오겠다던 큰아들은 코빼기도 보이지 않고 나박김치는 점점 시어 갔다 그러는 사이 엉치뼈의 통증은 척추까지 영역을 넓혀 갔다 그런데도 자식들에게서 안부 전화가 와도 걱정할까 봐 다친 이야기는 하지 않았다 이제는 식사 준비도 할 수 없었고 화장실도 마음대로 갈 수 없었다 마음대로 움직여지지 않는 몸은 점점 바닥에 눌러붙었다 김말순 씨는 고민 끝에 통장만 챙겨서 요양병원에 입소하여 와상 환자가 되었다

## 막 핀 꽃 2

김막순 씨는 피정을 가서 어긋난 엉치뼈와 사랑에 빠졌다 침대에 누워서 안정을 하라는데 엉치뼈가 놔주질 않으니 요양사의 도움 없이는 할 수 있는 일이 없었다 엉치뼈 주변 근육은 물렁해졌고 관절은 굳어져 뒤척이는 것조차 마음대로 할 수가 없었다 수시로 찾아오는 허리통증으로 잠을 잘 수가 없었다

새벽녘이 되어서야 잠시 눈을 붙인 사이 병실이 갑자기 소란스러웠다 목소리 큰 최끝장 씨가 같은 방 김막순 씨를 가리키며 "저년이 훔쳐 갔어, 저년이 도둑년이야!"라며 악을 썼다 김막순 씨는 누워 지내는 것도 심란한데 도둑년이라는 억지소리를 들으니 기가 막혔다 병실 소란에 황급히 요양사가 달려왔다 최끝장 씨는 김막순 씨를 가리키며 "저년이 내 지갑을 훔쳐 갔어, 이 도둑년아!"라며 더 크게 소리를 질러 댔다 요양사는 "어르신 왜 또 그러세요"라며 옷장을 뒤지기 시작했다 최끝장 씨 가방에서 노란 보자기에 싼 지갑이 나왔다 지갑을 받아 든 최끝장 씨는 사과는커녕 김막순 씨를 향해 입을 씰룩거리며 눈을 흘겼다

김막순 씨는 언젠가 아들이 사준 금반지를 가져갔다며 머리채를 잡고 흔들던 시어머니를 보는 것 같았다 뭉텅뭉텅 뽑혀나갔던 기억을 움켜쥔 손이 축축했다

## 애벌레가 사는 법

내가 배추밭에 온 건 내 뜻이 아니었어
천적들의 맛있는 식사가 되거나
무사히 눈을 속여 살아남더라도
누군가에게는 천적
한 생에 도착했다는 안도감도 잠시
닥치고 먹어야 하는 본능으로만 살아도 벅찬 하루
겨우 갖춰 입은 단벌의 옷이 너덜너덜 찢겨 나갈 때도
먹고 싸고 몸집을 불리면서
맛없어 보이기 전술까지
생존을 건 숨 막히는 전투
이 큰 배추밭 한가운데 던져진 이상
내게 고뇌란 사치
점점 커지는 몸집에 맞는 큰 옷으로 바꿔 입기 위해
여전히 먹고 싸는 하찮은 일들이 삶의 전부
이따금 구멍 난 초록 이파리 사이로
바라보는 푸른 하늘
살아 있다는 것이 기가 막히게 좋았어
끝이 보이지 않는다 해도

먹고 먹히는, 인정 따윈 없는 세계에서
현재를 충실히 살아갈 뿐

## 코로나에 걸린 목련



호사스런 병문안을 받았다
코로나로 자가 격리를 시작한 날
목련나무가 꽃을 피우기 시작했다
꽃샘추위에 피지 않으면 어쩌나
마음 졸이며 지켜보던
내 마음을 읽은 것일까
격리의 방에 갇힌 나를 위해
목련나무는 잘 보이도록
한꺼번에 순백의 꽃들을 걸어놓았다
꽃들의 눈이 온통 내게 쏠렸다
아침마다 꽃들은 안부를 물어왔다
꽃과 일일이 눈을 맞추고
인사를 나누는 동안
꽃들도 바이러스에 걸렸다
꽃 속에서의 일주일이 지나갔다
자가 격리가 해제됐다
목련꽃도 뚝, 뚝 떨어졌다

# 제4부

## 항아리

한평생
귀중한 무언가를
담아야 한다고
애태우던 항아리

이젠
그럴 필요가 없다는 걸 알았다

받아 든 빗물 속에
저토록
맑고 푸른 하늘을 담았으니

## 우리 동네 미용실

장점만 보는 기막힌 눈썰미와
부드럽고 상냥한 말씨
웃는 게 습관이 된 미용실 원장님

카네기는
웃지 않는 사람은
장사를 하지 말라 했지

보이지 않는 마음까지도
기분 좋게 매만져주는
솜씨 좋은 미용실이
여기 있었네

## 쉬는 시간

공을 차던 아이들이
교실로 뛰어 들어간다

신발에 딸려온 흙먼지가
후다닥 자리를 잡는다

사방으로
널려진 땀방울이
슬금슬금

선생님의 눈치를 살핀다

## 거짓말 탐지기

인간의
양심을 믿고
정직하게 대답할 거라
기대하지 않았어

너는 아니라고 하지만
기묘하게도
인간의 의지가
자기 몸을 온전히
지배하지 못하는 영역이 있어

누군가는
미세한 떨림을 읽지

무의식 어디에도
뿌리내리지 못하는
통제 불가능의 지대

어찌할 수 없는
신의 영역

## 사과의 용기

사과 한 개를
미안하다는 쪽지와 함께
네 책상 위에 올려놓았어

쪽지를 보고
어떤 표정을 지을지
가슴이 콩닥거려

마음이 마음을
모른 척할까 봐

백번 생각하고
또 생각하고
용기 낸 사과

친구야
받아줄래?

## 미소의 힘

말이 엄청 빠른
그 아이의 말은
집중해서 들어야 한다

반은 알아듣고
반은 흘러듣는다

무슨 말인지 되묻고 싶지만
혀를 깨물까 봐
가만히 듣고만 있다

가만히 고개를 끄덕여준다
그 아이가 웃는다

미소가 따라온다

## 소망 하나

어린 물고기
수초 낀 냇물에서 자라
긴 강으로 헤엄쳐
물의 길
하나쯤 내어놓고
맘껏 헤엄쳐 노래하며
저만 아는 길 하나
선명하게
그릴 수 있다면

이제 막
눈뜬 어린 물고기들
막막한 앞길뿐일 때

그 길 따라
막힘없이 지나가도록

# 폭주 기관차

쉬지 않고 문제풀이를 하던
영어 선생님이
교재를 내려놓으며
한마디 하신다

제가 달리는 기관차 같죠?

팽팽하게 드리웠던 긴장이
일순간 느슨하다

## 동화구연

미운 아기 오리는
텃세 부리는 고양이와 암탉 때문에
길을 떠났다고 알고 있지만
실은 그 속엔
현실에 안주할 수 없는
무언가 다른 천성이
있었기 때문일지 몰라

고고하게 고개를 빼 들고
근사한 날갯짓을 하는
눈부신 백조 행렬을 보자
아기 오리의 양 날개가 가려워졌대
날개를 흔들었어

이것 봐, 가뿐히 날아올랐어

하마터면 자신을 잃어버리고
땅만 바라보고 살았을지 모를

어리석음과 바꾼
진짜 자신을 발견한
기적 같은 인생 이야기

듣고 있니?

## 가을 운동회

심장이 쿵쾅거리고
청백군의 응원 소리도
들리지 않아요

결승선은 멀고
이를 악물고 뛰어도
발이 도와주질 않아요

잘하려고
너무 애쓰지 말그라
포기하지 않으면 되는 기라

앞만 보고 뛰는데
할머니 말씀만 맴맴
또렷하게 들려요

## 웃는 할머니

동글동글 파마머리에
입꼬리가 귀에 걸린 할머니

하하호호 웃음소리가
담장을 넘어
마중을 나왔어요

파란 대문 옆
활짝 핀 목백일홍도
할머니를 닮았어요

일 년 열두 달
웃음꽃이 피어 있는
우리 할머니

나도
할머니를 닮고 싶어요

## 잠복근무

두 눈 시퍼렇게 뜨고도
내 손등을 물고 달아난
겁대가리 없는 모기 한 마리

쬐끔한 녀석을 잡으려고
나도 모기약을 마셔가며
반 통쯤 뿌려댔다

녀석은 어딘가에 숨어
이런 날 지켜보고 있겠지

분이 안 풀린다
나오기만 해봐라

## 부럽다

말이 통하질 않는다
자기 하고 싶은 대로 못 하면
막무가내 울기부터 하는
우리 반 다섯 살 떼쟁이

참 어이없게도
가끔은 네가 부럽다

실은 나도 갖고 싶은 것 달라고
하고 싶은 대로 놔두라고
울고 싶을 때가 있다

너처럼 생떼라도 쓸 수 있으면
얼마나 좋을까

눈치 하나 안 보고
떼쓰는 네가 부럽다

## 장마

하늘도
울 일이 많아서
온종일 비가 내린다

하루쯤
실컷 울고 나면
언제 그랬냐는 듯
다시 맑음일 테지

오늘은
비가 들려주는
세상 이야기나 들어야겠다

## 사랑한다는 말은

기쁘고

아프고

괴로워도

너 있는 그대로

꼭 껴안고 가겠다는 말

내 가진 전부는

이 다짐뿐

그래서

눈물이 나는 건지 몰라

## 괜찮다

개는 개니까
개소리해도 괜찮다
지네들 소리니까

돼지는 돼지니까
오물에 뒹굴어도 괜찮다
지네들 사는 방식이니까

간혹 사람이
개처럼 짖어대면서
돼지처럼 뒹굴고 사는지
가끔은 돌아볼 일이다

사람은 사람이니까
사람답게 살아야지

**해설**

# 마음이 빚는 연민과 희망의 시학

백인덕(시인)

## 1.

두 가지 방식, 혹은 두 개의 방향이 있다. 일반적으로 '마음'의 본질, 역할, 의미와 관련한 질문에서 자연스레 '신체(몸)와 정신'을 떠올린다. 마음이 일의적으로 슬픔, 기쁨, 외로움, 그리움과 같은 감정의 상태를 통해 표현된다는 것을 인정하면, 마음은 감각적 직관에 근거한 신체 반응에 가깝다. 하지만 감각에 직접 소여(所與)되지 않는 가령, 후회와 불안, 고뇌와 희열, 연민과 무관심처럼 개념의 표상과 작용으로 나타나기도 한다. 물론 그 경계는 생각 이상으로 분명하지 않고, 각 층위로 단절된 것이 아니라 서로 강화하거나 약화하는 방식으로 연결되어 있다. 다시 말해, 마음은 일차적으로 몸에 깃든 감각의 산

물로서 개인적이지만, 그 기원에서부터 사회와 문화, 종교와 철학의 영향 아래 있다. 여기에 덧붙여 예술로서 '시'는 언어라는 존재의 가장 강력한 자장(磁場)에 갇힐 수밖에 없다. 문예비평가 N. 프라이는 "시인은 자신이 이야기하는 것이 무엇인지를 모르는 것이 아니라, 그가 알고 있는 것에 대해서 이야기하지 못한다."라고 주장한다. 시는 '무지와 인식'의 문제가 아니라 '의도와 표현'에서 근본적 곤란에 직면한다는 것이다. 하물며 '마음'을 핵심 주제로 삼았다면 두말할 나위 없다.

  최경옥 시인은 '삶의 내력(來歷)과 마음의 현현(顯現)'을 구체적인 시어로 형상화해서 명징한 이미지를 통해 보여준다. 때로 작품의 화자는 표면상으로는 관찰하고 기록하고 상상하는 타자의 시선을 내비치지만, 세상의 모든 사태에 관여할 수밖에 없는 마음의 성질을 끝까지 감추지는 못한다. 시적 지향이 되어버린 마음의 어떤 '사태', 그 내력은 아래 인용한 작품에서 그 기원을 엿볼 수 있다.

> 하필 단칸방으로 이사한 날이었다 정월 그믐이었다 엄마의 산통이 시작되었다 장판 밑에 금이 간 줄 모르고 아버지는 아궁이에 불을 지폈다 눈비에 젖은 땔감을 넣고 불을 피우려고 안간힘을 썼다 아궁이는 쿨럭거리며 매운 연기를 토해냈다 연기는 자욱하게 방을 덮었다 엄마는 매운 연기의 힘으로 아기를 낳았다 그 아기가 바로 나였다 나는 연기

의 딸로 태어났다 그래서인지 나는 연기(煙氣)에 익숙했
으며 연기(演技)에 능했다 슬픔을 감추고 웃는 아이가 되
었다 암울한 가정사도 나를 묶지 못했다 어떤 결정도 한 치
의 망설임이 없었다 운명처럼 단숨에 연기보다 매운 남자
와 결혼을 했고 연기보다 더 천방지축인 아이 둘을 낳았다
이 유전의 연기는 어디서 왔을까? 연기의 내력을 찾고 싶
어서 책을 뒤적이다가 오래된 사진 한 장을 발견했다 하얀
연기 속에서 할머니가 아기인 엄마를 안고 희미하게 웃고
있었다 섣달그믐이었다 알고 보니 엄마도, 나도 연기의 딸
이었다

—「연기의 내력」 전문

  이 작품은 존재의 숙명에 대한 자전적 기록이자, 다양한 방법으로 시인의 고유성을 침해하는 세계에 대한 응전 방식의 표방이다. "엄마는 매운 연기의 힘으로 아기를 낳았다 그 아기가 바로 나였다 나는 연기의 딸로 태어났다"라는 시적 진술은 영웅 신화의 미시적 버전으로 적절하다. 이어지는 "나는 연기(煙氣)에 익숙했으며 연기(演技)에 능했다 슬픔을 감추고 웃는 아이가 되었다"라는 부분은 존재의 한 자질이 성격이 되는 과정에 대한 진술이다. '연기(煙氣)' 탓에 '연기(演技)'에 능하다는 인식은 그 자체로 '연기(緣起)'를 긍정한다. 그렇기에 한 생을 넘어서는 '내력'에 대한 의문이 생겨나고, "하얀 연기

속에서 할머니가 아기인 엄마를 안고 희미하게 웃고 있"는 사진을 발견한다. 이를 통해 연기를 매개로 한 최소한 3대의 내력이 드러난다.

주지의 사실이지만, '연기'는 물질이고 징후다. 물질을 태워야만 연기가 발생하므로 비록 변형되었다 할지라도 연기는 그 물질의 구성성분을 모두 갖고 있다. 물질의 이 속성에서 유추해서 연기는 '유령'으로 이해된다. 실재와 실체의 경계가 불분명한 존재로, 그러나 연기가 그곳에 불이 있었음을 증명하는 강력한 징후인 것처럼 마음의 사태를 이해할 수 있는 최상의 장치이기도 하다. 「부활절 아침」에서 "목련나무 아래 벤치에/회색 야구 모자 쓴 남자가 고꾸라져 있다" 그는 노숙인이 분명한데 "빈 소주병을 베고/먼 등을 긁고 있다"는 데서 분명하게 드러난다. 시인의 시선은 이 존재에 대한 안타까움이 아니라 누군가 발밑에 두고 간 "십자가가 그려진 달걀 두 개"에 꽂혀 있다. '부활절 아침'이기 때문이다. 여기의 '누군가'는 '유령'이다. 행위의 결과는 선명하게 남았지만, 정체를 알 수 없기 때문이다. 아니, 이 사태를 누군가의 '부활'을 기대하는 간절함으로 마주한 시인의 마음을 감싸고 있기에 이 유령은 또한 자신의 '매운 연기'일 수도 있다.

안녕!
소리가 나서

뒤를 돌아보니
흥얼흥얼
유모차에 끌려가는
할아버지

고양이야 안녕
해바라기야 안녕
비둘기야 안녕
소나무야 안녕
전봇대야 안녕

아무도 대꾸를 하지 않았다
나라도 대답을
해줄 걸 그랬다

안녕에 빚진 날이었다

―「안녕에 빚진 날」 전문

 햇빛은 생존의 필수 요소지만, 그 누구도 길을 나서는 순간 얼굴에 쏟아지는 햇빛을 성분 분석하거나 다른 요소들과 비교하지 않는다. 주관의 반대말이 아니라 대위법적 상관 어휘는 타자다. 시인의 마음은 진즉에 타자를 향해 열려 있었다.

"안녕!/소리가 나서/뒤를 돌아보"는 행위가 이를 반증한다. 이 반응은 자기중심주의의 발로가 아니다. 시인은 "아무도 대꾸를 하지 않았다"고 깨닫는다, 아니 대꾸를 할 수 있는 존재가 아니었음을 밝힌다. 하지만 시인은 비록 자신을 호명한 것은 아니더라도 스스로 "안녕에 빚진 날"이라고 기억하기로 한다. 이 시집의 표제작인 인용 작품은 최경옥 시인의 시적 지향을 짧지만 강하게 보여준다.

## 2.

일상은 같은 사건, 같은 느낌, 같은 후회의 반복적 펼침일 뿐이다. 그 무의미해 보이는 반복에서 탈출하기 위해 풍랑이 이는 바다를 찾고, 깊은 밤 별을 세고, 침묵의 명상이나 묵상에 들기도 한다. '숭고(sublime)'하기 위해 기꺼이 자신을 내려놓는다. 반면 '연민(pity)'은 감정의 사소한 반응으로 격하되어 무시하거나 경계해야 할 성격적 결함으로 언급되기도 한다.

최경옥 시인은 '연기'의 내력을 밝힌 후, 세계를 지배하는 혹은 경영하는 이념, 그 도식적 표상을 정공법으로 또는 우회해서 거부하거나 공격한다. 「가나다순에 대한 단상」에 등장하는 '고군분투', '동상이몽', '만사형통', '동병상련', '상부상조', '외유내강', '오비이락', '천재일우', '표리부동', '호가호위', '호시탐탐', '개과천선' 등의 사자성어는 자기계발서나 처세술에 등장하는 단골 내용이다. 상황에 대한 경계만 있지 마음의 여지가 없다. 삶이란 선택의 연속이고, 자기 선택에는 무한 책임이 따른다는 변형된 운명론을 강제한다. 시인은 자기 선택이라 포장되었지만, 결국 등 떠밀린 것일 뿐인 길을 「자격증 유목민」을 통해 구체적으로 보여준다. '바리스타', '동화구연지도사', '천아트지도사', '정리수납전문가', '프리젠테이션스피치', '요양보호사', '웃음치료사'라는 계단을 밟고 올라가 "이 모든 목표의 끝은 행복이라고 해서/행복지도사 자격증을 땄다"라고 선언한다. 이 선언은 반어적 진실을 내포하고 있기에 공허하지 않다. 더불어 마음이 '행복'이란 삶의 개념적 목표에 닿기 위해 어떻게 작용해야 하는가 하는 의문을 던진다.

    창문을 활짝 연다
    라디오 볼륨을 높이고 집 안 청소를 한다
    갑자기 열린 창문이 시끌시끌
    직박구리 한 마리가 한 알 남은 대추를
    시끄럽게 쪼고 있다
    순간 대추 한 알이 휘청하더니
    바닥으로 떨어졌다
    떨어진 대추는 하수구 구멍으로
    또르르 굴러갔다
    순식간의 일이다

라디오에서 비창이 흐른다
눈앞에서 먹잇감을 놓쳐버린 직박구리는
두리번거리다 고개를 떨구었다
시끄러운 소리도 숨소리도 들리지 않았다
정지된 화면이 되었다
대추나무 그림자가 길어졌다
직박구리는 한동안 날아가지 않았다
대추나무 그림자가 더 길어졌다
해가 지기 전에 다른 열매라도 찾으라고
라디오 볼륨을 낮춰주었다
─「대추 한 알과 직박구리의 고민」 전문

생명, 그것이 발생과 소멸의 운명이라는 공통점이 없다면 "한 알 남은 대추를/시끄럽게 쪼고" 있는 한 마리 '직박구리'는 방해까지는 아니더라도 무심하게 지나칠 수 있는 대상이다. 하지만 시인은 비록 "시끄럽게"라고 표현했지만, 직박구리의 행위에 마음이 쓰여 지켜본다. 그리고 목격한 사건, "눈앞에서 먹잇감을 놓쳐버린 직박구리는/두리번거리다 고개를 떨구었다/시끄러운 소리도 숨소리도 들리지 않"는다고 화자가 느낀다. 정신의 어떤 조화나 승화보다 뭇 존재들의 생존과 관련한 연관이 더 힘을 발휘한다. 상심한 직박구리는 한동안 동작을 멈추고, 대추나무조차 자기의 그림자를 키운다. 화자는

"해가 지기 전에 다른 열매라도 찾으라고/라디오 볼륨을 낮춰주"는 행위로 상황에 참여한다.

때맞춰 (물론 조정된 현실이거나 상상이겠지만) "라디오에서 비창이 흐른다". 여기서 '비창'이 베토벤의 소나타면 어떻고 차이콥스키의 교향곡이면 어떤가. 중요한 건 '비창'의 어휘적 특성인데 당연히 무언가 '비감'한 느낌을 자아낸다. 반면에 이를 '비장'의 오역이라 해도 작품을 이해하는 데 전혀 방해되지 않는다. 비장은 앞에 마치 상반된 것처럼 언급했던 숭고와 연민이 동전의 양면처럼 맞물린 형태다. 시인은 "이따금 구멍 난 초록 이파리 사이로/바라보는 푸른 하늘/살아 있다는 것이 기가 막히게 좋았어"(「애벌레가 사는 법」)라고 토로한다. 천적에 대한 공포보다는 작지만 내가 누군가의 천적일지 모른다는 불안을 내재한 마음을 보여준다. 이렇듯 최경옥의 이번 시집은 시인의 내력이 드러나기도 하지만, 가족을 핵심으로 인연의 종착점을 예상하면서 느끼게 되는 회한과 자긍심 같은 마음의 변주를 담담한 어조로 그려내 보여주기도 한다.

산 아래 아버지 감자밭에 꽃이 무성하다 멀리서도 하얀 감자꽃이 먼저 보인다 꽃순을 따 주어야 할 시기에 주저앉아 풀만 뽑는 아버지, 햇살이 뜨거우니 그만 쉬었다 하라고 해도 밭에서 나올 줄 모른다 아버지 땀방울은 연신 흘림체, 구부정한 허리 일으켜 세워 다시 감자밭 한가운데로

> 사라진다 하얗게 핀 감자꽃, 꽃으로 쓴 글씨는 도무지 읽을 수가 없다 꽃은 내가 피울 테니 너희들은 더 나은 곳으로 날아가거라 훨훨 더 멀리 가거라 감자밭 열매는 보이지 않고 혼신을 다해 아버지 혼자 헛꽃을 피우고 계신다
> ―「꽃으로 쓴 글씨」 전문

마음은 그런 것이다. "하얗게 핀 감자꽃, 꽃으로 쓴 글씨는 도무지 읽을 수가 없다" 왜냐하면, 그것은 아버지가 감자밭에 당신의 문법으로 적은 전언이기 때문이다. 시인은 "아버지의 땀방울은 연신 흘림체"라 명명한다. 이는 오래 지켜보았다는 뜻이다. 이런 시간의 힘을 통해 "꽃은 내가 피울 테니 너희들은 더 나은 곳으로 날아가거라 훨훨 더 멀리 가거라"라고 아버지가 감자밭에 꽃으로 쓴 글씨의 의미를 해독할 수 있게 된다. 읽는 것이 아니라 해석하는 것이다. "혼신을 다해 아버지 혼자 헛꽃을 피우고 계"시는 것을 보았으니, 비록 '연기(演技)'라 하더라도 시인이 망설일 이유는 없다.

최경옥 시인은 세계의 모순과 부조리와 불의에 직접 대응하지 않는다. 시대는 낡기 마련이고, 시가 포획하려던 현실은 원래 실체가 없는 것이다. 「모기만도 못한」, 「열정페이」 등에서 보이는 인간 존재의 추악함은 오히려 「비의 폭력」, 「돌보지 않는 집」에서처럼 자연의 폭력을 그저 자연으로 보이게 한다.

검색창에 소고기미역국 맛있게 끓이는 방법을 쳤다 검색하자마자 상단 첫 글에서 세상에서 가장 맛있는 미역국은 울 엄마 미역국이라고, 엄마의 손맛을 흉내 낸 레시피라는 소개 글이 떴다 두 가지로 요약하면 쌀뜨물을 이용하고 물은 한 번에 넣지 말고 두 차례 나누어 넣는 것이 비법이라고 했다 그 글만 보아서는 비법을 알 수 없었다 국간장 대신 진간장을 넣어도 되나, 미역은 헹구지 않고 넣어도 되나, 냄비 뚜껑은 열까 말까, 도통 알 수가 없었다 생일도 잊고 사는 엄마의 생일날, 엄마의 레시피로 미역국을 끓인다 세상에서 가장 맛있는 엄마의 미역국 레시피는 방법에 있지 않았다 그 맛의 비법은 희생이었다

―「엄마의 레시피」 전문

시인은 "세상에서 가장 맛있는 미역국"을 끓이기 위해 검색을 한다. 거기에는 비법이라 할 비법이 없다. 결국, 시인은 "생일도 잊고 사는 엄마의 생일날, 엄마의 레시피로 미역국을 끓인다"고 고백한다. 검색창 저 너머의 엄마를 실재하는 엄마로 바꾸고, 시인은 "세상에서 가장 맛있는 엄마의 미역국 레시피는 방법에 있지 않았다 그 맛의 비법은 희생이었다"라는 개념적 진리에 도달한다. 방법이 아니라 마음의 자세였고, 그 맛은 유도된 취향이 아니라 내면에서 솟아난 고통의 감각과 유사한 것임을 알게 되었다.

**3.**

연민은 그저 지켜보는, 안타까움이라는 감정에 억압된 순간 작용이 아니다. 부정하는 것이 아니라 연민의 인간적 함의를 생각해 본다. 「연민」이라는 작품에 배려의 기본 자질이 보이는 것 같지만, 사실 「혹등고래의 눈물」에 드러나는 생명에 대한 아쉬움이 연민의 대상으로 더 적절하다. 특정 종교적 의미를 제외하더라도, '연민(compassion)'은 라틴어 '함께'와 고통을 말하는 'pati'가 결합한 것이다. 서구 기독교는 'passion'을 예수의 타자, 아니 소외된 자들에 대한 '열정'으로 이해한다. 세계를 변혁하겠다는 꿈만 대단한 것이 아니다. 잊힌 것 같은 그들의 이름을 다시 부르는 것이야말로 시인의 책무라 할 수 있지 않을까.

> 어딜 가냐고 매일 물어보는 아버지와
> 절대 치매는 안 걸린다는 엄마가
> 초록 의자에 나란히 앉아
> 주간보호센터 승합차를 기다린다
>
> 세탁 마친 빨래를 널러
> 잠시 자리를 비운 사이
>
> 초록 의자가 비어 있다

엄마의 여전한 잔소리만 바닥에 널브러진 채

골목길 끝에 노란 승합차 꼬리가

점으로 보였다

사라진다

아무리 애타게 찾아도 보이지 않는

그런 날이 오리라 생각하니

조바심이 난다

빨래를 널고 있는 손만

자꾸 말라간다

—「초록 의자」 전문

  최소한 '초록 의자'는 그냥 소멸이나 흘러가 버릴 기억을 표상하지 않는다. 초록의 생명으로 "초록 의자가 비어 있다"라는 사실을 깨닫게 될지라도, 그 의자의 내력이 시인의 생각보다 멀리 깊게 영향을 미칠 것이다. 최경옥 시인은 마음으로 세계와의 싸움에서 분명한 자기 이미지를 형성했다. 그러므로 인식으로 이해할 수 없다 할지라도 이 선적 깨달음은 얼마나 깊고 또 고귀한 것인가. 한평생이라는 틀을 푸른 하늘로 확장해 보여주는 최경옥 시인의 그 무한한 마음을 우리는 그저 따라가 볼 일이다.

문학의전당 시인선 391

# 안녕에 빚진 날

ⓒ 최경옥

| | |
|---|---|
| 초판 1쇄 인쇄 | 2025년 8월 4일 |
| 초판 1쇄 발행 | 2025년 8월 11일 |
| 지은이 | 최경옥 |
| 펴낸이 | 고영 |
| 디자인 | 헤이존 |
| 펴낸곳 | 문학의전당 |
| 출판등록 | 제448-251002012000043호 |
| 주소 | 충북 단양군 적성면 도곡파랑로 178 |
| 전화 | 043-421-1977 |
| 전자우편 | sbpoem@naver.com |

ISBN 979-11-5896-702-4  03810

*이 책의 판권은 지은이와 문학의전당에 있습니다.
*양측의 서면 동의 없는 무단 전재 및 복제를 금합니다.
*잘못 만들어진 책은 바꿔드립니다.
*이 시집은 충주시, 충주문화관광재단의 후원을 받아 충주문화예술지원사업의 일환으로 발간되었습니다.